卞尺丹几乙し丹卞と

Translated Language Learning

Le Voyage à Lilliput

The Voyage to Lilliput

Jonathan Swift

Français / English

Copyright © 2022 Tranzlaty
All rights reserved.
Published by Tranzlaty

Original text by Jonathan Swift
Gulliver's Travels: The Voyage to Lilliput (1726)
Abridged by Andrew Lang: The Blue Fairy Book (1889)

www.tranzlaty.com

Le Voyage à Lilliput
The Voyage to Lilliput

***

Chapitre premier
Chapter One

Mon père avait un petit domaine à Nottingham
My father had a small estate in Nottingham
J'étais le troisième de quatre fils
I was the third of four sons
Il m'a envoyé à Cambridge à quatorze ans
He sent me to Cambridge at fourteen years old
J'y ai étudié pendant trois ans
I studied there for three years
après cela, j'ai trouvé un apprentissage avec M. Bates
after that I found an apprenticeship with Mr. Bates
il était un chirurgien célèbre à Londres
he was a famous surgeon in London
De temps en temps, mon père m'envoyait de petites sommes d'argent
now and then my father sent me small sums of money
J'ai dépensé de l'argent pour apprendre la navigation
I spent the money in learning navigation
et j'ai étudié d'autres arts utiles à ceux qui voyagent
and I studied other arts useful to those who travel
J'ai toujours cru que ce serait une compétence utile
I always believed it would be a useful skill

Mon apprentissage a duré trois ans

my apprenticeship lasted for three years
mon bon maître, M. Bates, m'a recommandé comme chirurgien de navire
my good master, Mr. Bates, recommended me as ship's surgeon
il m'a trouvé un emploi sur un navire appelé The Swallow
he got me a job on a ship called The Swallow
sur ce navire j'ai voyagé trois ans
on this ship I voyaged three years
À mon retour, je me suis installé à Londres
When I came back I settled in London
J'ai contracté une hypothèque pour une petite maison
I took on a mortgage for a small house
et j'ai épousé Mlle Mary Burton
and I married Miss Mary Burton
la fille du commerçant, M. Edmund Burton
the daughter of shop keeper, Mr. Edmund Burton
Mais mon bon maître Bates mourut deux ans plus tard
But my good master Bates died two years later
Je n'avais que quelques amis
I only had a few friends
Alors mon entreprise a commencé à échouer
so my business began to fail
J'ai donc décidé de repartir en mer
so I decided to go to sea again
Après plusieurs voyages, j'ai accepté une offre du capitaine W. Pritchard
After several voyages, I accepted an offer from Captain W. Pritchard
il était capitaine de navire de « L'Antilope »

he was ship master of "The Antelope"
il faisait un voyage vers la mer du Sud
he was making a voyage to the South Sea
Nous avons appareillé de Bristol, le 4 mai 1699
We set sail from Bristol, on the 4th of May 1699
Au début, notre voyage a été très prospère
at first our voyage was very prosperous
nous étions en route vers les Indes orientales
we were on our passage to the East Indies
et nous étions arrivés au nord-ouest de la Terre de Van Diemen
and we had gotten to the north-west of Van Diemen's Land
Là, cependant, nous avons été accueillis par une violente tempête
there, however, we were met by a violent storm
huit membres de notre équipage étaient déjà morts des suites de travaux forcés
eight of our crew had already died from hard labour
et quatre membres de notre équipage sont morts de mauvaise nourriture
and four of our crew died from bad food
Le reste d'entre nous était dans un état très faible
the rest of us were in a very weak condition
Le cinq novembre, le temps était très brumeux
On the fifth of November the weather was very hazy
Les marins ont aperçu un rocher à moins de cent vingt mètres du navire
the seamen spied a rock within a hundred and twenty yards of the ship
mais le vent était trop fort
but the wind was too strong

et nous avons été poussés directement sur le rocher
and we were pushed straight upon the rock
Notre bateau a été brisé contre le rocher
our boat was broken against the rock
Six d'entre nous ont réussi à mettre à l'eau un bateau de sauvetage
Six of us managed to launch a rescue boat
Nous avons réussi à nous éloigner des rochers
we managed to get away from the rocks
et nous avons ramé environ trois lieues
and we rowed about three leagues
Et puis nous avons ramé jusqu'à ce que nous ne puissions plus travailler
and then we rowed till we could work no longer
Nous nous étions confiés à la merci des vagues
We had trusted ourselves to the mercy of the waves
Une demi-heure plus tard, le bateau a été bouleversé par une vague soudaine
half an hour later the boat was upset by a sudden wave
Qu'est-il advenu de mes compagnons dans le bateau, je ne sais pas
What became of my companions in the boat I do not know
je ne sais pas non plus ce qui est arrivé à mes compagnons sur le rocher
nor do I know what happened to my companions on the rock
mais j'en conclus qu'ils étaient tous perdus
but I conclude they were all lost
Pour ma part, j'ai nagé comme la fortune m'a dirigé
For my part, I swam as fortune directed me
J'ai été poussé en avant par le vent et la marée

I was pushed forward by wind and tide
finalement, j'ai pu ne plus lutter
eventually I was able to struggle no longer
Je me suis retrouvé à portée de terre
I found myself within reach of land
À ce moment-là, la tempête s'était calmée
By this time the storm had calmed down
vers huit heures du soir, j'atteignis le rivage
at about eight in the evening I reached the shore
J'ai avancé de près d'un demi-mille à l'intérieur des terres
I advanced nearly half a mile inland
mais je ne voyais aucun signe d'habitants
but I could not see any signs of inhabitants
J'étais extrêmement fatigué du naufrage
I was extremely tired from the shipwreck
et la chaleur du temps m'a endormi
and the heat of the weather lulled me to sleep
L'herbe était très courte et douce
the grass was very short and soft
et je me suis allongé dessus pour dormir
and I laid down on it to sleep
J'ai dormi plus fort que jamais dans ma vie
I slept sounder than ever I did in my life

Quand je me suis réveillé, la lumière du jour venait de se lever
When I woke daylight had just broken
J'ai essayé de me lever, mais je n'ai pas pu
I attempted to rise, but could not
Je m'étais endormi sur le dos

I had happened to fall asleep on my back
Et maintenant mes bras et mes jambes étaient attachés au sol
and now my arms and legs were fastened to the ground
et mes cheveux, qui étaient longs et épais, étaient attachés aussi
and my hair, which was long and thick, was tied down too
Je ne pouvais que regarder vers le haut
I could only look upward
Le soleil a commencé à devenir chaud
The sun began to grow hot
et la lumière m'a fait mal aux yeux
and the light hurt my eyes
J'ai entendu un bruit confus autour de moi
I heard a confused noise around me
mais ne pouvait rien voir d'autre que le ciel
but could see nothing except the sky
En peu de temps, j'ai senti quelque chose de vivant
In a little time I felt something alive
il bougeait sur ma jambe gauche
it was moving on my left leg
Il a doucement avancé sur ma poitrine
it gently advanced over my chest
Et puis c'est venu presque jusqu'à mon menton
and then it came almost up to my chin
J'ai baissé les yeux du mieux que j'ai pu
I looked down as well as I could
et j'ai perçu ce qui ressemblait à une petite créature humaine
and I perceived what looked like a little human creature
il ne pouvait pas avoir plus de six pouces de haut

it could not have been more than six inches high
Il avait un arc et des flèches dans les mains
it had a bow and arrow in his hands
En attendant, j'en ai ressenti au moins quarante autres.
In the meantime I felt at least another forty of them
Ils suivaient le premier petit homme
they were following the first little man
J'étais dans le plus grand étonnement
I was in the utmost astonishment
J'ai rugi si fort qu'ils sont tous revenus en courant dans une peur
I roared so loud that they all ran back in a fright
et certains d'entre eux ont été blessés en sautant de mes côtés
and some of them were hurt from jumping off me sides
Cependant, ils sont rapidement revenus
However, they soon returned
et l'un d'eux s'est aventuré assez loin pour voir mon visage
and one of them ventured far enough to see my face
Il leva les mains avec admiration
he lifted up his hands in admiration
Je suis resté allongé tout cela dans un grand malaise
I lay all this while in great uneasiness
mais à la fin, j'ai eu du mal à me lâcher
but at length, I struggled to get loose
et finalement j'ai réussi à casser les cordes
and finally I succeeded in breaking the strings
Mon bras gauche était maintenant libre
my left arm was now free
Ensuite, j'ai tiré violemment avec ma tête

next I gave a violent pull with my head
Cela a donné beaucoup de douleur à mes cheveux
this gave my hair great pain
mais j'ai un peu desserré les cordes autour de mes cheveux
but I loosened the strings around my hair a little
maintenant j'étais capable de tourner la tête d'environ deux pouces
now I was able to turn my head about two inches
Mais les créatures se sont enfuies une deuxième fois
But the creatures ran off a second time
et je n'ai pas eu la chance de les saisir
and I had not chance to seize them
Tout cela a provoqué un grand tollé de la part des petites gens.
all this caused a great uproar from the little people
en un instant, j'ai senti plus d'une centaine de flèches
in an instant I felt more than a hundred arrows
Ils avaient tiré leurs petites flèches sur ma main gauche
they had shot their little arrows at my left hand
Ils m'ont piqué comme autant d'aiguilles
they pricked me like so many needles
De plus, ils ont tiré une autre attaque en l'air
Moreover, they shot another attack into the air
Certains d'entre eux sont tombés sur mon visage
some of these fell on my face
J'ai immédiatement couvert mon visage avec ma main gauche
I immediately covered my face with my left hand
Quand cette pluie de flèches fut terminée, je gémissais de chagrin et de douleur

When this shower of arrows was over I groaned with grief and pain

J'ai essayé à nouveau de me détacher
I tried again to get loose

et ils ont déchargé un autre vol de flèches plus grand que le premier
and they discharged another flight of arrows larger than the first

Et certains d'entre eux ont essayé de me poignarder avec leurs lances
and some of them tried to stab me with their spears

mais par chance j'ai eu une veste en cuir
but by good luck I had on a leather jacket

il n'y avait aucun moyen de le percer
there was no way they could pierce it

À ce moment-là, j'ai pensé qu'il était plus prudent de rester immobile jusqu'à la nuit.
By this time I thought it most prudent to lie still till night

Ma main gauche était déjà libre
my left hand was already free

Je pourrais facilement me libérer plus tard
I could easily free myself later

Les habitants ne m'ont pas vraiment inquiété
the inhabitants didn't really worry me

J'étais sûr que je serais plus fort que leur plus grande armée
I was sure I would be stronger than their greatest army

tant qu'ils étaient tous de la même taille
as long as they were all the same size

les gens ont observé que j'étais calme

the people observed that I was quiet
alors ils n'ont plus déchargé de flèches
so they discharged no more arrows
mais je savais qu'ils augmentaient en nombre
but I knew that they were increasing in numbers
parce que je pouvais entendre la taille de la foule grandir
because I could hear the size of the crowd growing
À environ quatre mètres de moi, on frappait
about four yards from me there was a knocking
Ce coup a duré près d'une heure.
this knocking lasted for the better part of an hour
ils doivent avoir été au travail, faire quelque chose
they must have been at work, making something
J'ai tourné la tête vers le bruit du mieux que j'ai pu
I turned my head towards the noise as well as I could
Les chevilles et les cordes me limitaient encore
the pegs and strings still restricted me
Une scène avait été mise en place
a stage had been set up
Il était à environ un pied et demi du sol
it was about a foot and a half from the ground
deux ou trois échelles y étaient montées
two or three ladders were mounted to it
quelqu'un se tenait sur la scène
someone was standing on the stage
ils semblaient être une personne de qualité
they seemed to be a person of quality
et ils faisaient un long discours
and they were making a long speech
Je n'en comprenais pas un mot

I could not understand a word of it
mais je pouvais dire à sa manière ce qu'il disait
but I could tell from his manner what he was saying
Parfois, il me menaçait
sometimes he was threatening me
à d'autres moments, il parlait avec pitié et gentillesse
at other times he spoke with pity and kindness
J'ai répondu en quelques mots
I answered in few words
mais je me suis assuré d'être aussi soumis que possible
but I made sure to be as submissive as possible
à ce moment-là, j'étais presque affamé par la faim
by now I was almost famished with hunger
et je savais que j'en étais venu à dépendre de leur gentillesse
and I knew I had come to depend on their kindness
Je ne pouvais m'empêcher de montrer mon impatience
I could not help showing my impatience
Je mets souvent mon doigt à ma bouche, pour signifier que je voulais de la nourriture
I put my finger frequently to my mouth, to signify that I wanted food
Il m'a très bien compris
He understood me very well
et il descendit de la scène
and he descended from the stage
Il a ordonné que plusieurs échelles soient placées contre mes côtés
he commanded several ladders to be put against my sides
Plus d'une centaine d'habitants ont gravi les échelons
more than a hundred of the inhabitants climbed up the

ladders
Et ils se sont dirigés vers ma bouche avec des paniers pleins de nourriture
and they walked toward my mouth with baskets full of food
Il y avait des pattes et des épaules de mouton
There were legs and shoulders of mutton
mais ils étaient plus petits que les ailes d'une alouette
but they were smaller than the wings of a lark
Je les ai mangés deux ou trois à la bouchée
I ate them two or three at a mouthful
et j'ai pris trois pains à la fois
and I took three loaves at a time
Ils m'ont fourni aussi vite qu'ils le pouvaient
They supplied me as fast as they could
et ils s'émerveillaient de mon appétit
and they marvelled at my appetite
J'ai alors fait signe que je voulais quelque chose à boire
I then made a sign that I wanted something to drink
Ils ont deviné qu'une petite quantité ne me suffirait pas
They guessed that a small quantity would not suffice me
Alors ils m'ont apporté leur plus gros baril
so they brought me their largest barrel
Ils l'ont roulé vers ma main
they rolled it towards my hand
Et puis ils m'ont ouvert le top
and then they opened the top for me
Je l'ai bu en une seule gorgée
I drank it in one gulp
parce qu'il ne contenait pas plus d'une demi-pinte
because it did not hold more than half a pint

Ils m'ont apporté un deuxième baril
They brought me a second barrel
J'ai bu ce baril aussi
I drank this barrel also
et j'ai fait des signes pour plus
and I made signs for more
mais ils n'avaient plus rien à me donner
but they had no more to give me
Je ne pouvais m'empêcher de me demander à quel point ces petites personnes étaient audacieuses.
I could not but wonder how daring these tiny people were
Ils se sont aventurés à monter et à marcher sur mon corps
they ventured to mount and walk upon my body
Et ils savaient que ma main était libre
and they knew my hand was free
mais malgré cela, ils n'ont jamais tremblé une seule fois
but despite this they never trembled once
même si je devais leur sembler une énorme créature
even though I must have seemed a huge creature to them

Après un certain temps, une personne de haut rang est venue
After some time a person of high rank came
il était de Sa Majesté Impériale
he was from his Imperial Majesty
Son Excellence a monté ma jambe droite
His Excellency mounted my right leg
Et puis il s'est avancé vers mon visage
and then he advanced to my face
Une douzaine de ses hommes le suivirent

about a dozen of his men followed him
Il a parlé pendant une dizaine de minutes
he spoke for about ten minutes
Il pointait souvent dans la même direction
he often pointed in the same direction
après j'ai trouvé que c'était vers la capitale
afterwards I found this was towards the capital city
C'était à environ un demi-mile de l'endroit où nous étions
it was about half a mile from where we were
Sa Majesté avait ordonné que je sois porté
his Majesty had commanded that I should be carried
J'ai fait un signe avec ma main qui était lâche
I made a sign with my hand that was loose
mais je me suis assuré de ne pas blesser Son Excellence
but I made sure not to hurt his Excellency
et j'ai montré que je désirais être libéré
and I showed that I desired to be freed
Il semblait me comprendre assez bien
He seemed to understand me well enough
parce qu'il secoua la tête
because he shook his head
mais il a aussi fait d'autres signes
but he made other signs too
Cela m'a fait savoir qu'il y aurait assez de nourriture et de boissons
this let me know there would be enough food and drink
et on m'a promis un très bon traitement
and I was promised very good treatment
J'ai pensé une fois de plus à tenter de m'échapper
I thought once more of attempting to escape

mais alors je me suis souvenu des blessures de leurs flèches
but then I remembered the wounds from their arrows
Mon visage et ma main étaient couverts d'ampoules
my face and hand were covered in blisters
et j'ai observé que le nombre de mes ennemis avait augmenté
and I observed that the number of my enemies had increased
J'ai fait un signe pour montrer qu'ils avaient ma permission
I gave a sign to show they had my permission
Ils pouvaient faire de moi ce qu'ils voulaient
they could do with me as they pleased
Puis ils m'ont frotté le visage et les mains avec une pommade odorante
Then they rubbed my face and hands with a sweet-smelling ointment
En quelques minutes, toute la douleur avait disparu
in a few minutes all the pain was gone
Le soulagement de la douleur et de la faim m'a rendu somnolent
The relief from pain and hunger made me drowsy
et je me suis endormi à nouveau
and I fell asleep again
J'ai dormi environ huit heures, comme on me l'a dit par la suite
I slept about eight hours, as I was told afterwards
Et ce n'était pas surprenant
and it was not surprising
Ils avaient mélangé un somnifère dans le tonneau de vin

they had mingled a sleeping medicine into the barrel of wine

Il semble que l'empereur ait été bien informé de mon arrivée
It seems that the emperor had been well informed of my arrival
Ils m'avaient remarqué venir sur leur île
they had noticed me coming onto their island
et ils ont dû me suivre secrètement
and they must have followed me secretly
quand je me suis endormi, il avait été décidé de m'attacher
when I fell asleep it had been decided to tie me up
mais ils avaient également préparé la nourriture et la boisson bien à l'avance
but they had also prepared the food and drink well in advance
et une machine avait été préparée pour me transporter à la capitale
and a machine had been prepared to carry me to the capital city
Cinq cents charpentiers et ingénieurs étaient employés
Five hundred carpenters and engineers were employed
Ils se sont immédiatement mis au travail pour préparer le moteur
they immediately set to work to prepare the engine
C'était un cadre en bois
It was a frame of wood
Ils l'ont soulevé à trois pouces du sol
they raised it three inches from the ground

et il mesurait environ sept pieds de long et quatre de large
and it was about seven feet long, and four wide
Il se déplaçait sur vingt-deux roues
it moved upon twenty-two wheels
Mais la difficulté a été de me mettre dessus
But the difficulty was to put me on it
Quatre-vingts poteaux ont été érigés à cet effet
Eighty poles were erected for this purpose
et des cordons très solides ont été attachés à des bandages
and very strong cords were fastened to bandages
Les ouvriers les avaient attachés autour de moi
the workmen had tied these around me
autour de mon cou, de mes mains, de mon corps et de mes jambes
around my neck, hands, body, and legs
Neuf cents des hommes les plus forts ont ensuite été rassemblés
Nine hundred of the strongest men were then rounded up
Ils tiraient ces cordes avec des poulies
they pulled these cords with pulleys
Me déplacer sur la plate-forme a pris moins de trois heures
moving me onto the platform took less than three hours
Et là, ils m'ont attaché à nouveau
and there they tied me again
Quinze cents des plus grands chevaux de l'empereur ont été rassemblés
Fifteen hundred of the Emperor's largest horses were rounded up

Chaque cheval mesurait environ quatre pouces et demi de haut
each horse was about four inches and a half high
et ils ont ensuite été employés pour me tirer vers la capitale
and they were then employed to pull me towards the capital
Mais pendant que tout cela était fait, je suis resté dans un sommeil profond.
But while all this was done I lay in a deep sleep
et je ne me suis réveillé que quatre heures après le début de notre voyage
and I did not wake till four hours after we began our journey

Nous avions enfin atteint la capitale
we had finally reached the capital
L'Empereur et toute sa Cour sont venus à notre rencontre
The Emperor and all his Court came out to meet us
mais ils ne mettraient pas en danger la vie de l'empereur
but they would not risk the Emperor's life
donc il n'est pas allé sur mon corps
so he did not go onto my body
Nous nous sommes arrêtés près de la grande porte de la ville
we stopped near the great gate of the city
Ici se trouvait un ancien temple
here there stood an ancient temple
Soi-disant c'était le plus grand temple de tout le

royaume
supposedly this was the largest temple in the whole kingdom
et ici, il a été décidé que je devrais loger
and here it was determined that I should lodge
Je pourrais facilement me faufiler à travers la grande porte, s'ils me voulaient dans leur ville
I could easily creep through the great gate, if they wanted me in their city
Ils m'ont fixé quatre-vingt-onze chaînes
they fixed ninety-one chains to me
des chaînes comme celles qui s'accrochent à la montre d'une dame
chains like those which hang to a lady's watch
Et ils ont verrouillé ma jambe gauche avec trente-six cadenas
and they locked my left leg with thirty-six padlocks
Les ouvriers ont déterminé qu'il m'était impossible de me libérer
the workmen determined it was impossible for me to break loose
Et puis ils ont coupé toutes les ficelles qui me liaient
and then they cut all the strings that bound me
Je me suis levé pour la première fois depuis que j'avais dormi sur l'île
I rose up for the first time since I had slept on the island
et je me sentais aussi mélancolique que jamais dans ma vie
and I felt as melancholy as I ever had in my life
Le bruit et l'étonnement des gens étaient inexprimables
the noise and astonishment of the people was inexpressible

Ils n'avaient jamais vu quelque chose d'aussi grand se lever
they had never seen something so big stand up
Les chaînes qui maintenaient ma jambe gauche mesuraient environ deux mètres de long.
The chains that held my left leg were about two yards long
J'avais assez de liberté pour marcher en demi-cercle
I had enough freedom to walk in a semicircle
et je pouvais à peu près m'allonger sur toute ma longueur à l'intérieur du temple
and I could just about lie at full length inside the temple
L'empereur s'avança vers moi parmi ses courtisans
The Emperor advanced toward me from among his courtiers
Il m'observait avec beaucoup d'admiration
he surveyed me with great admiration
mais il est resté au-delà de la longueur de ma chaîne
but he stayed beyond the length of my chain
Il était plus grand que le reste de ses hommes
He was taller than the rest of his men
mais seulement d'environ la longueur d'un demi-ongle
but only by about the length of half a fingernail
Cela seul suffisait à émerveiller les spectateurs.
this alone was enough to strike awe into the beholders
Pour mieux le voir, je me suis allongé sur le côté
The better to behold him, I lay down on my side
de sorte que mon visage était au niveau du sien
so that my face was level with his
et il se tenait à trois mètres
and he stood three yards off
Cependant, je l'ai eu dans ma main plusieurs fois

depuis lors.
However, I have had him in my hand many times since then
et donc je ne peux pas être trompé
and therefore I cannot be deceived
Sa robe était très simple
His dress was very simple
mais il portait un casque léger d'or
but he wore a light helmet of gold
Il était orné de bijoux et d'un panache
it was adorned with jewels and a plume
Il tenait son épée tirée dans sa main, pour se défendre si je devais me libérer.
He held his sword drawn in his hand, to defend himself if I should break loose
Il mesurait près de trois pouces de long
it was almost three inches long
et la poignée était d'or, enrichie de diamants
and the hilt was of gold, enriched with diamonds
Sa voix était aiguë, mais très claire
His voice was shrill, but very clear
Sa Majesté Impériale me parlait souvent
His Imperial Majesty spoke often to me
et je lui répondis du mieux que je pus
and I answered him as best I could
Mais aucun de nous ne pouvait comprendre un mot
but neither of us could understand a word

Chapitre Deux
Chapter Two

Après environ deux heures, la Cour s'est retirée
After about two hours the Court retired
On m'a donné une garde forte
I was given a strong guard
Il a tenu la foule à distance
he kept the crowd at a distance
Une partie de la foule était plutôt impudente
some of the crowd was rather impudent
Je me suis assis près de la porte de ma maison
I sat by the door of my house
et ils tirent leurs flèches sur moi
and they shoot their arrows at me
Mais le colonel ordonna que six d'entre eux soient saisis.
But the colonel ordered six of them to be seized
Il les a attachés avec de la ficelle
he had them tied up with string
et il me les a remis entre les mains
and he delivered them into my hands
J'en ai mis cinq dans la poche de mon manteau
I put five of them into my coat pocket
le sixième homme que je tenais devant moi
the sixth man I held in front of me
puis j'ai fait une grimace comme si j'allais le manger
then I made a face as if I would eat him
Le pauvre homme cria terriblement
The poor man screamed terribly
et le colonel et ses officiers étaient très affligés

and the colonel and his officers were much distressed
ils sont devenus encore plus inquiets quand j'ai sorti mon canif
they grew even more concerned when I took out my penknife
Mais j'ai vite mis leurs esprits à l'aise
But I soon set their minds at ease
J'ai coupé les cordes avec lesquelles il était lié
I cut the strings he was bound with
et je le pose doucement sur le sol
and I put him gently on the ground
De là, il a couru aussi vite qu'il le pouvait.
from there he ran as fast as he could
J'ai traité le reste de la même manière
I treated the rest in the same manner
Je les ai sortis un par un de ma poche
I took them one by one out of my pocket
à la troisième fois que je l'ai fait, la foule a vu l'humour
by the third time I did it the crowd saw the humour
et tous se sont réjouis de cette marque de ma gentillesse
and all were delighted at this mark of my kindness

Vers la nuit, je me suis retiré pour dormir
Toward night I retired to sleep
Je suis entré dans mon logement avec quelques difficultés
I got into my lodgings with some difficulty
et me voici allongé sur le sol
and here I lay on the ground
J'ai dû le faire pendant une quinzaine de jours
I had to do so for a fortnight

Un lit était encore en cours de préparation pour moi
a bed was still being prepared for me
Il était composé de six cents lits ordinaires
it was being made of six hundred ordinary beds
tout comme de serviteurs m'ont été nommés
just as many servants were appointed to me
et trois cents tailleurs m'ont fait un costume
and three hundred tailors made me a suit of clothes
De plus, on m'a donné six des plus grands érudits de Sa Majesté
Moreover, I was given six of his Majesty's greatest scholars
Ils étaient employés pour m'apprendre leur langue
they were employed to teach me their language
bientôt j'ai pu converser un peu avec l'empereur
soon I was able to converse a little with the Emperor
Il m'a souvent honoré de ses visites
he often honoured me with his visits
d'abord j'ai appris à dire que je voulais ma liberté
first I learned how to say I wanted my liberty
chaque jour je le répétais à genoux
every day I repeated it on my knees
Mais il a répondu que cela prendrait du temps
but he answered that it would take time
Je dois d'abord jurer une paix avec lui et son royaume
first I must swear a peace with him and his kingdom

Il y avait aussi une loi de la nation :
there was also a law of the nation:
Je dois être fouillé par deux de ses officiers
I must be searched by two of his officers

Cela ne pourrait pas être fait sans mon aide
this could not be done without my help
Il leur faisait confiance entre mes mains
he trusted them in my hands
et on m'a promis que tout ce qu'ils m'avaient pris me serait rendu
and I was promised all they took from me would be returned
quand je quitte le pays
when I leave the country
J'ai pris les deux officiers
I took up the two officers
et je les mets dans les poches de mon manteau
and I put them into my coat pockets
Les messieurs avaient un stylo et du papier avec eux
The gentlemen had pen and paper with them
et ils ont fait une liste exacte de tout ce qu'ils ont vu
and they made an exact list of everything they saw
J'ai traduit leurs notes dans notre langue
I translated their notes into our language
« nous sommes allés dans la poche droite du man-montagne »
"we went into the right coat pocket of the Man-Mountain"
« Ici, nous n'avons trouvé qu'un seul grand morceau de tissu grossier »
"here we found only one great piece of coarse cloth"
« assez grand pour tapisser la plus grande salle du château »
"large enough to carpet the largest room of the castle"
« Dans la poche gauche, nous avons vu un énorme coffre argenté »

"In the left pocket we saw a huge silver chest"
« Il y avait une couverture argentée dessus »
"it had a silver cover on it"
« mais nous n'avons pas pu l'ouvrir »
"but we could not open it"
« Nous avons demandé à l'homme géant d'ouvrir le coffre »
"we asked the giant man to open the chest"
« L'un de nous est entré dedans »
"one of us stepped into it"
« Il était jusqu'aux jambes dans une sorte de poussière »
"he was up to his legs in a sort of dust"
« Une partie de la poussière a volé dans nos visages »
"some of the dust flew into our faces"
« Et la poussière nous a tous les deux envoyés dans une crise d'éternuement »
"and the dust sent us both into a fit of sneezing"
« Puis nous sommes allés dans la poche droite de son gilet »
"then we went to his right waistcoat pocket"
« Ici, nous avons trouvé un certain nombre de substances blanches minces »
"here we found a number of white thin substances"
« Ils ont été pliés l'un sur l'autre »
"they were folded one over the other"
« Chacun avait à peu près la taille de trois hommes »
"each was about the size of three men"
« Ils étaient attachés avec un câble solide »
"they were tied with a strong cable"
« Et ils étaient marqués de figures noires »

"and they were marked with black figures"
« **Nous supposons humblement que c'est leur système d'écriture** »
"we humbly assume it is their writing system"
« **A gauche, il y avait une sorte de moteur** »
"In the left there was a sort of engine"
« **A l'arrière du moteur, il y avait vingt longues perches** »
"at the back of the engine there were twenty long poles"
« **Nous supposons que c'est ainsi que l'homme-montagne peigne ses cheveux** »
"we assume this is how the man-mountain combs his hair"
« **Puis nous sommes allés dans la plus petite poche sur le côté droit** »
"then we went into the smaller pocket on the right side"
« **Ici, il y avait plusieurs pièces plates rondes en métal** »
"here there were several round flat pieces metal"
« **Certains d'entre eux semblaient être argentés** »
"some of them appeared to be silver"
« **Mais ils étaient si grands que nous ne pouvions pas les soulever** »
"but they were so large we could not lift them"
« **D'une autre poche pendait une énorme chaîne en argent** »
"From another pocket hung a huge silver chain"
« **Au bout de la chaîne, il y avait un merveilleux type de moteur** »
"at the end of the chain was a wonderful kind of engine"
« **un globe moitié argent et moitié métal transparent** »
"a globe half silver and half of some transparent metal"
« **Du côté transparent, nous avons vu certaines figures**

étranges »
"on the transparent side we saw certain strange figures"
« Nous pensions pouvoir les toucher »
"we thought we could touch them"
« Mais nous avons constaté que nos doigts étaient arrêtés par la substance brillante »
"but we found our fingers were stopped by the shining substance"
« Ce moteur faisait un bruit incessant »
"This engine made an incessant noise"
« Cela ressemblait à un moulin à eau »
"it sounded like a water-mill"
« c'est soit un animal inconnu, soit leur Dieu »
"it is either some unknown animal or their God"
« c'est probablement ce dernier »
"it is probably the latter"
« Parce qu'il nous a dit qu'il y fait toujours référence »
"because he told us that he always refers to it"
« Ceci est une liste de ce que nous avons trouvé sur l'Homme-Montagne »
"This is a list of what we found on the Man-Mountain"
« Il faut dire qu'il nous a traités avec une grande civilité »
"it should be said that he treated us with great civility"
J'avais aussi une poche privée qui a échappé à leur fouille
I also had one private pocket which escaped their search
Il contenait une paire de lunettes
it contained a pair of spectacles
et il avait aussi une petite lunette espion
and it also had a small spy-glass

mais ceux-ci n'avaient aucune importance pour l'empereur
but these were of no consequence to the Emperor
donc je n'ai pas senti que je devais le mentionner
so I did not feel I had to mention it

Chapitre Trois
Chapter Three

Ma douceur gagna la confiance de l'Empereur
My gentleness gained the trust of the Emperor
Et les gens en général l'ont remarqué aussi
and the people in general noticed it too
J'ai commencé à avoir l'espoir d'obtenir ma liberté bientôt
I began to have hopes of getting my liberty soon
Les indigènes ont lentement eu moins peur de moi
The natives slowly became less fearful of me
Parfois, je tendais la main aux enfants
I would sometimes hold my hand out for the children
et je les laissais danser cinq ou six sur ma main
and I would let five or six of them dance on my hand
À la fin, ils ont même joué à cache-cache dans mes cheveux
in the end they even played hide-and-seek in my hair
Les chevaux de l'armée n'étaient plus timides
The horses of the army were no longer shy
Chaque jour, ils étaient conduits devant moi
each day they were led past me
un jour, j'ai décidé d'amuser l'empereur
one day I decided to amuse the Emperor
J'ai pris neuf petits bâtons
I took nine small sticks
et les fixa fermement dans le sol dans un carré
and fixed them firmly in the ground in a square
Puis j'ai pris quatre autres bâtons
Then I took four other sticks

Je les ai attachés parallèlement à chaque coin
I tied them parallel to each corner
je l'ai soulevé à environ deux pieds du sol
this I raised about two feet from the ground
et tous les bâtons sortaient du sol
and all the sticks stood out of the ground
J'ai attaché mon mouchoir aux neuf bâtons
I fastened my handkerchief to the nine sticks
et j'étendis le mouchoir de tous les côtés
and I extended the handkerchief on all sides
jusqu'à ce qu'il soit aussi tendu qu'un tambour
till it was as taut as a drum
J'ai invité une troupe de ses meilleurs chevaux sur la canopée
I invited a troop of his best horses onto the canopy
Ils pourraient y faire leurs performances
they could do their performances on it
Sa Majesté a approuvé la proposition
His majesty approved of the proposal
et je les ai pris un par un
and I took them up one by one
et chaque officier est venu avec son cheval
and each officer came up with his horse
Dès qu'ils se sont mis en ordre, ils se sont divisés en deux partis.
As soon as they got into order they divided into two parties
ils ont déchargé des flèches contondantes
they discharged blunt arrows
Ils ont sorti leurs épées et se sont battus
they drew their swords and battled
Ils se sont enfuis et se sont poursuivis comme à la

guerre
they fled and pursued each other just like in war
ils ont fait preuve de la meilleure discipline militaire que j'aie jamais vue
they showed the best military discipline I ever seen
l'empereur était très ravi du divertissement
the Emperor was very much delighted with the entertainment
et il a ordonné qu'il soit répété plusieurs fois
and he ordered it to be repeated several times
nous avons même persuadé l'impératrice de me laisser la tenir sur sa chaise
we even persuaded the Empress to let me hold her in her chair
De cette façon, elle pouvait voir la performance d'en haut
this way she could see the performance from above
Heureusement, aucun accident grave ne s'est produit
Fortunately no serious accident happened
Une fois, un cheval capricieux a percé un trou dans mon mouchoir
once a temperamental horse struck a hole in my handkerchief
Il a renversé son cavalier et lui-même
he overthrew his rider and himself
Mais je les ai immédiatement aidés tous les deux
But I immediately helped them both up
et j'ai couvert le trou d'une main
and I covered the hole with one hand
J'ai déposé la troupe telle que je les avais emmenées.
I set down the troop as I had taken them up

Le cheval qui est tombé s'était tendu l'épaule
The horse that fell had strained its shoulder
mais le coureur n'a pas été blessé
but the rider was not hurt
et j'ai réparé mon mouchoir du mieux que j'ai pu
and I repaired my handkerchief as well as I could
Cependant, je ne faisais plus confiance à la force de celui-ci
However, I didn't trust the strength of it any more

J'avais fait de nombreux plaidoyers pour ma liberté
I had made many pleas for my liberty
Sa Majesté a même tenu une réunion pour cela
his Majesty even held a meeting for it
L'idée n'a été combattue par personne, sauf un
the notion was opposed by none except one
Skyresh Bolgolam, l'amiral du royaume
Skyresh Bolgolam, the admiral of the realm
Il avait décidé de se faire mon ennemi
he had decided to make himself my enemy
Il l'a fait sans aucune provocation
he did so without any provocation
Cependant, il a finalement accepté de me laisser libre
However, he finally agreed to let me free
Mais il a réussi à poser quelques conditions
but he succeeded in drawing up some conditions
Ces conditions m'ont été lues
these conditions were read to me
et j'ai dû promettre de suivre leurs ordres
and I had to promise to follow their orders
Cette promesse a été faite à leur manière traditionnelle

this promise was made in their traditional way
Je devais tenir mon pied droit dans ma main gauche
I had to hold my right foot in my left hand
et j'ai dû placer mon majeur sur ma tête
and I had to place my middle finger on my head
Mon pouce devait être sur le dessus de mon oreille droite
my thumb had to be on the top of my right ear
et puis j'ai dû répéter leurs conditions
and then I had to repeat their conditions
J'ai fait une traduction des conditions :
I have made a translation of the conditions:
« Golbaste Mamarem Evlame Gurdile Shefin Mully Ully Gue »
"Golbaste Mamarem Evlame Gurdile Shefin Mully Ully Gue"
« Très puissant empereur de Lilliput »
"Most Mighty Emperor of Lilliput"
« Délice et terreur de l'univers »
"delight and terror of the universe"
« Ses domaines s'étendent jusqu'aux extrémités du globe »
"his dominions extends to the ends of the globe"
« Monarque de tous les monarques »
"monarch of all monarchs"
« Plus grand que les fils des hommes »
"taller than the sons of men"
« Ses pieds se pressent vers le centre de la terre »
"his feet press down to the centre of the earth"
« Et sa tête frappe contre le soleil »
"and his head strikes against the sun"

« A son hochement de tête, les princes de la terre secouent les genoux »
"at his nod the princes of the earth shake their knees"
« Aussi agréable que le printemps »
"as pleasant as the spring"
« Aussi confortable que l'été »
"as comfortable as the summer"
« Aussi fructueux que l'automne »
"as fruitful as autumn"
« Aussi terrible que l'hiver »
"as dreadful as winter"
« Sa Très Sublime Majesté offre à l'Homme-Montagne »
"His Most Sublime Majesty offers to the Man-Mountain"
« Celui qui est arrivé récemment dans nos domaines célestes »
"the one who lately arrived at our celestial dominions"
« Par un serment solennel, il est tenu d'accomplir ce qui suit »
"by a solemn oath he shall be obliged to perform the following"

« Tout d'abord. L'Homme-Montagne a besoin de permission pour quitter nos dominions. »
"First. The Man-Mountain needs permission to depart from our dominions"
« "Deuxièmement. Il a besoin d'une permission pour entrer dans notre métropole »
""Second. He needs permission to come into our metropolis"
« Les habitants doivent avoir un préavis de deux heures

avant que cela ne se produise »
"the inhabitants shall have two hours' warning before this happens"

« Troisièmement. L'Homme-Montagne limitera ses promenades à nos routes
"Third. The Man-Mountain shall confine his walks to our highways

« Il ne peut ni marcher ni s'allonger dans un pré ou un champ de maïs »
"he can't walk or lie down in a meadow or field of corn"

« Quatrièmement. il doit veiller à ne pas piétiner notre peuple »
"Fourth. he must take care not to trample on our people"

« Il doit prendre les mêmes précautions pour nos chevaux et nos calèches »
"he must take the same precautions for our horses and carriages"

« Et il doit demander la permission de venir chercher quelqu'un »
"and he must ask permission to pick anyone up"

« Cinquièmement. Si nous avons besoin que des messages soient envoyés, l'Homme-Montagne nous aidera. »
"Fifth. If we require messages to be sent the Man-Mountain will help us"

« Il mettra le messager et le cheval dans sa poche »
"he will put the messenger and the horse in his pocket"

« Il les portera pendant six jours »
"he will carry them for six days"

« Et il rendra le messager, si nécessaire »
"and he will return the messenger, if so required"

« Sixièmement. Il sera notre allié contre nos ennemis »
"Sixth. He shall be our ally against our enemies"
« les insulaires de Blefuscu »
"the islanders of Blefuscu"
« Et il fera tout son possible pour détruire leur flotte »
"and he will do his utmost to destroy their fleet"
« Parce qu'ils se préparent maintenant à nous envahir »
"because they are now preparing to invade us"
« Enfin. Si l'homme-montagne tient son serment :
"Lastly. If the Man-Mountain keeps his oath:"
« Il aura une allocation journalière de viande et de boisson »
"he will have a daily allowance of meat and drink"
« Suffisant pour le soutien de mille sept cent vingt-quatre de notre peuple »
"sufficient for the support of one thousand seven hundred and twenty four of our people"
« Il aura libre accès à notre personne royale »
"he will have free access to our royal person"
« Et il gagnera beaucoup de faveurs de notre part »
"and he will gain many favours from us"
« Déclaré à notre palais de Belfaburac »
"Declared at our palace at Belfaburac"
« Le douzième jour de la quatre-vingt-onzième lune de notre règne »
"the twelfth day of the ninety-first moon of our reign"
J'ai juré ces conditions avec beaucoup de gaieté
I swore to these conditions with great cheerfulness
Puis mes chaînes ont été immédiatement déverrouillées
then my chains were immediately unlocked
et j'étais en pleine liberté

and I was at full liberty

J'avais eu environ quinze jours de ma liberté
I had had about a fortnight of my freedom
puis un matin Reldresal vint à moi
then one morning Reldresal come to me
il est le secrétaire de l'empereur pour les affaires privées
he is the Emperor's secretary for private affairs
Il n'était assisté que d'un seul serviteur
he was attended only by one servant
Il ordonna à son serviteur d'attendre à distance
He ordered his servant to wait at a distance
et il m'a demandé une heure de mon attention
and he asked me for an hour of my attention
Je lui ai proposé de m'allonger pour lui
I offered to lie down for him
De cette façon, il pourrait trouver plus facile d'atteindre mon oreille
this way he might find it easier to reach my ear
mais il a choisi de me laisser le tenir dans ma main
but he chose to let me hold him in my hand
Il a commencé par des compliments sur ma liberté
He began with compliments on my liberty
mais il a ajouté que j'avais de la chance d'être libéré
but he added that I was lucky to to be freed
« Les choses peuvent sembler florissantes aux étrangers »
"things may seem flourishing to foreigners"
« Mais nous sommes en danger d'invasion »
"but we are in danger of an invasion"

« il y a une autre île appelée Blefuscu »
"there is another island called Blefuscu"

« Sur cette île se trouve l'autre grand empire de l'univers »
"on this island is the other great empire of the universe"

« Il est presque aussi grand et puissant que notre royaume »
"it is almost as large and powerful as our kingdom"

« Je sais que vous avez dit qu'il y a d'autres royaumes »
"I know you've said there are other kingdoms"

« Des royaumes habités par des créatures humaines aussi grandes que vous »
"kingdoms inhabited by human creatures as large as yourself"

« Mais nos philosophes sont très dubitatifs »
"but our philosophers are very doubtful"

« Ils pensent que vous êtes tombé de la lune »
"they think that you dropped from the moon"

« Ou peut-être venez-vous de l'une des étoiles »
"or perhaps you've come from one of the stars"

« Parce qu'il n'y aurait pas de place pour cent vous »
"because there would not be space for a hundred you"

« Vous détruiriez rapidement tous les fruits et le bétail »
"you would quickly destroy all the fruit and cattle"

« et il ne resterait plus rien des domaines de Sa Majesté »
"and there would be nothing left of his Majesty's dominions"

« D'ailleurs, nous avons regardé notre histoire »
"Besides, we have looked at our history"

« **Nous avons des records de plus de six mille lunes** »
"we have records of over six thousand moons"
« **Et ils ne font aucune mention d'autres régions** »
"and they make no mention of any other regions"
« **Tout ce qui est écrit, ce sont deux puissants empires** »
"all that is written of are two mighty empires"
« **il y a Lilliput et il y a Blefuscu** »
"there is Lilliput and there is Blefuscu"
« **De toute façon, j'allais vous parler de Blefuscu** »
"anyway, I was about to tell you of Blefuscu"
« **Ils sont engagés dans une guerre des plus obstinées** »
"they are engaged in a most obstinate war"
« **Cela a commencé de la manière suivante** »
"it began in the following manner"
« **Dans le passé, les lois étaient très différentes** »
"in the past the laws were quite different"
« **On pouvait casser un œuf comme on voulait** »
"one could break an egg any way you liked"
« **On pourrait même casser l'œuf à l'extrémité la plus grande** »
"one could even break the egg at the larger end"
« **L'arrière-grand-père de la Majesté actuelle était un jeune garçon** »
"the present majesty's great grandfather was a young boy"
« **Il cassait un œuf de manière traditionnelle** »
"he was breaking an egg in the traditional way"
« **Il se trouve qu'il cassait l'œuf à l'extrémité la plus grande** »
"he happened to be breaking the egg at the larger end"
« **Et de là, il lui a coupé un doigt** »
"and from this he happened to cut one of his finger"

« Après cela, son père a changé la loi »
"after this his father changed the law"
(Son père était l'empereur à l'époque)
(his father was the emperor at the time)
« À partir de ce moment-là, nous avons dû casser des œufs du plus petit bout »
"from then on we had to break eggs from the smaller end"
« Le peuple n'aimait pas cette loi »
"The people resented this law"
« Et il y a eu six rébellions à cause de cela »
"and there have been six rebellions due to it"
« Un empereur a perdu la vie »
"one emperor lost his life"
« Et un autre empereur perdit sa couronne »
"and another emperor lost his crown"
« Nous avons fait des calculs à partir de nos livres d'histoire »
"we have made calculations from our history books"
« Onze cents personnes ont enfreint la loi »
"eleven hundred persons have broken the law"
« et l'empereur de Blefuscu encourage les grands »
"and the Emperor of Blefuscu encourages the big-enders"
« Ils ont toujours fui vers lui pour trouver refuge »
"they have always fled to him for refuge"
« Cette guerre sanglante dure depuis six lunes trente »
"this bloody war has gone on for six-and-thirty moons"
« et maintenant les Blefuscudiens ont équipé une grande flotte de navires »
"and now the Blefuscudians have equipped a large fleet of ships"
« Ils se préparent à nous attaquer »

"they are preparing to attack us"

« Sa Majesté Impériale place une grande confiance en votre force »
"his Imperial Majesty places great confidence in your strength"

« Et il m'a demandé de vous présenter l'affaire »
"and he has asked me to set the case before you"

Je désirais que le secrétaire présente mon humble devoir à l'empereur
I desired the secretary to present my humble duty to the Emperor

« Faites-lui savoir que je suis prêt »
"let him know that I am ready"

« Je risquerai ma vie pour le défendre contre les envahisseurs »
"I will risk my life to defend him against the invaders"

Chapitre Quatre
Chapter Four

peu de temps après, j'ai parlé avec Sa Majesté
soon afterwards I spoke with his Majesty
Je lui ai dit mon plan
I told him my plan
Je m'emparerais de toute la flotte ennemie
I would seize the enemy's whole fleet
L'Empire de Blefuscu est aussi une île
The Empire of Blefuscu is also an island
Le chenal entre les deux îles est d'environ huit cents mètres de large
the channel between the two islands is about eight hundred yards wide
J'ai consulté les marins les plus expérimentés
I consulted with the most experienced seamen
et ils m'ont informé sur la profondeur du canal
and they informed me on the depth of the channel
Au milieu, à haute eau, il y avait soixante-dix glumguffs
in the middle, at high water, it was seventy glumguffs
(environ six pieds de mesure européenne)
(about six feet of European measure)
J'ai marché vers la côte
I walked toward the coast
ici je me suis caché derrière une colline
here I hid behind a hill
et j'ai sorti ma lunette d'espionnage
and I took out my spy-glass
Je pouvais voir la flotte ennemie à l'ancre
I could see the enemy's fleet at anchor

une cinquantaine d'hommes de guerre, et d'autres navires
about fifty men-of-war, and other vessels
Je suis ensuite revenu chez moi
I then came back to my house
J'ai demandé leurs câbles et leurs barres de fer les plus solides
I asked for their strongest cables and bars of iron
Le câble était à peu près aussi épais que du fil de paquet
The cable was about as thick as pack-thread
et les barres avaient la taille d'une aiguille à tricoter
and the bars had the size of a knitting-needle
J'ai triplé le câble pour le rendre plus fort
I trebled the cable to make it stronger
et j'ai tordu trois des barres de fer ensemble
and I twisted three of the iron bars together
et puis j'ai plié les extrémités en crochet
and then I bent the ends into a hook
J'ai fait cinquante crochets sur les câbles
I made fifty hooks on cables
et je suis retourné à la côte
and I went back to the coast
J'ai enlevé mon manteau, mes chaussures et mes bas
I took off my coat, shoes, and stockings
et j'ai marché dans la mer dans ma veste en cuir
and I walked into the sea in my leather jacket
C'était environ une demi-heure avant les hautes eaux
this was about half an hour before high water
J'ai pataugé aussi vite que j'ai pu
I waded as quick as I could

au milieu, j'ai dû nager pendant une trentaine de mètres
in the middle I had to swim for about thirty yards
mais très vite j'ai senti à nouveau le sol
but very soon I felt the ground again
et donc je suis arrivé à la flotte en moins d'une demi-heure
and so I arrived at the fleet in less than half an hour
L'ennemi était très effrayé quand ils m'ont vu
The enemy was very frightened when they saw me
Ils ont sauté hors de leurs navires et ont nagé à terre
they leaped out of their ships and swam ashore
il ne pouvait y en avoir moins de trente mille
there could not have been fewer than thirty thousand of them
J'ai attaché un crochet au trou à la proue de chaque navire
I fastened a hook to the hole at the prow of each ship
et j'ai attaché toutes les cordes ensemble à la fin
and I tied all the cords together at the end

Pendant ce temps, l'ennemi a tiré plusieurs milliers de flèches
Meanwhile the enemy discharged several thousand arrows
Beaucoup de flèches coincées dans mes mains et mon visage
many of the arrows stuck in my hands and face
Ma plus grande peur était pour mes yeux
My greatest fear was for my eyes
J'aurais pu être aveuglé si je n'avais pas pensé à apporter mes lunettes

I could have been blinded had I not thought of bringing my spectacles
J'ai sorti mes lunettes
I took out my glasses
et les a attachés sur mon nez
and fastened them upon my nose
entièrement armé j'ai continué mon travail
fully armed I went on with my work
et j'ai continué malgré les flèches
and I kept going in spite of the arrows
Beaucoup de flèches ont frappé contre mes lunettes
many of the arrows struck against my spectacles
Mais ils n'ont fait que rebondir sur le verre
but they only bounced off the glass
Puis, prenant le nœud dans ma main, j'ai commencé à tirer
Then, taking the knot in my hand, I began to pull
mais pas un navire ne remuerait
but not a ship would stir
ils étaient tenus par leurs ancres
they were held by their anchors
La partie la plus audacieuse de mon entreprise est donc restée
so the boldest part of my enterprise remained
Je lâche le cordon
I let go of the cord
et j'ai sorti mon fidèle couteau
and I took out my trusty knife
J'ai coupé les câbles qui fixaient les ancrages
I cut the cables that fastened the anchors
J'ai dû recevoir plus de deux cents injections

I must have received more than two hundred shots
Mes mains et mon visage étaient couverts de leurs flèches
my hands and face was covered in their arrows
Puis j'ai récupéré les câbles
Then I collected the cables again
Cette fois, tout était beaucoup plus facile
this time everything was much easier
J'ai emmené cinquante des plus grands hommes de guerre de l'ennemi avec moi
I pulled fifty of the enemy's largest men-of-war with me
les Blefuscudiens virent leur flotte se déplacer
the Blefuscudians saw their fleet moving
et ils ont vu que c'était moi qui le tirais
and they saw it was me pulling it
Ils ont laissé échapper un cri vaincu
they let out a defeated screamed
Leur chagrin et leur désespoir étaient impossibles à décrire
their grief and despair was impossible to describe
bientôt j'étais hors de danger
soon I had got out of danger
et leurs flèches ne pouvaient plus m'atteindre
and their arrows couldn't reach me anymore
Je me suis arrêté un moment pour ramasser les flèches qui se sont collées dans mes mains et mon visage
I stopped awhile to pick out the arrows that stuck in my hands and face
et j'ai frotté sur un peu de la même pommade qui m'a été donnée à mon arrivée
and I rubbed on some of the same ointment that was given

me at my arrival
J'ai ensuite enlevé mes lunettes
I then took off my spectacles
J'ai attendu que la marée descende un peu
I waited for the tide to fall a little
et j'ai pataugé jusqu'au port royal de Lilliput
and I waded on to the royal port of Lilliput

L'empereur et toute sa cour m'attendaient sur le rivage
The Emperor and his whole Court stood on the shore awaiting me
Ils ont vu les navires avancer dans une grande demi-lune
They saw the ships move forward in a large half-moon
mais ils ne pouvaient pas me discerner
but they could not discern me
J'étais encore au milieu du canal
I was still in the middle of the channel
et j'étais sous l'eau jusqu'au cou
and I was under water up to my neck
L'empereur conclut que je m'étais noyé
The Emperor concluded that I had drowned
et il pensait que la flotte ennemie approchait d'une manière hostile
and he thought that the enemy's fleet was approaching in a hostile manner
Mais son esprit fut bientôt mis à l'aise.
But he his mind was soon set at ease
le canal est devenu moins profond à chaque pas que j'ai fait
the channel got shallower with every step I made

en peu de temps, je suis passé à deux doigts d'entendre
in a short time I came within hearing
J'ai tenu l'extrémité du câble par lequel la flotte était fixée
I held up the end of the cable by which the fleet was fastened
et je m'écriai d'une voix forte :
and I exclaimed in a loud voice:
« Vive l'empereur de Lilliput ! »
"Long live the Emperor of Lilliput!"
Le Prince m'a reçu plein de joie possible
The Prince received me full of possible joy
et il m'a fait un Nardal sur place
and he made me a Nardal on the spot
le plus haut titre d'honneur parmi eux
the highest title of honour among them
Sa Majesté voulait que je revienne
His Majesty wanted me to return
« Profitez de l'occasion pour obtenir tous leurs navires »
"use the opportunity to get all of their ships"
« conquérir tout l'Empire de Blefuscu! »
"conquer the whole Empire of Blefuscu!"
alors il serait le seul monarque du monde
then he would be the sole monarch of the world
Mais j'ai protesté contre sa soif de pouvoir
But I protested against his hunger for power
« Je n'asservirai jamais des gens courageux et libres »
"I will never enslave brave and free people"
les ministres les plus sages étaient à mon avis
the wisest of the Ministers were of my opinion

mais j'avais ouvertement refusé l'ambition de Sa Majesté
but I had openly refused his Majesty's ambition
Et il ne pourrait jamais pardonner mon défi
and he could never forgive my defiance
A partir de ce moment un riff émerge entre nous
from this time a riff emerged between us
ses ministres qui étaient mes ennemis gagnèrent en force
his Ministers that were my enemies gained in strength
Ils ont comploté pour mon renversement
they plotted for my overthrow
Et cela a failli se terminer par ma destruction totale
and it nearly ended in my utter destruction

trois semaines plus tard, l'ambassadeur de Blefuscu est venu
three weeks later the ambassador from Blefuscu came
Ils ont humblement fait des offrandes de paix
they humbly made offerings of peace
et un traité de paix fut bientôt signé
and a peace treaty was soon signed
les conditions étaient très avantageuses pour notre empereur
the terms were very advantageous to our Emperor
Les ambassadeurs m'ont également rendu visite
the ambassadors also paid me a visit
Ils m'ont complimenté sur ma force et ma générosité
they complimented me on my strength and generosity
Et ils m'ont invité dans leur royaume
and they invited me to their kingdom

Je leur ai demandé d'envoyer mon respect à l'empereur
I asked them to send my respect to the Emperor
et j'ai résolu de le rencontrer avant de retourner dans mon pays
and I resolved to meet him before I returned to my country
donc la prochaine fois que j'ai vu l'empereur, j'ai demandé la permission
so the next time I saw the Emperor I asked for permission
et il m'a accordé la permission de partir
and he granted me permission to leave
mais il l'a fait d'une manière très froide
but he did so in a very cold manner
ce n'est que plus tard que j'ai découvert pourquoi
it was only later that I found out why

Je me préparais à rendre hommage à l'empereur de Blefuscu
I was preparing to pay my respects to the Emperor of Blefuscu
une personne distinguée de la Cour est venue chez moi
a distinguished person of the Court came to my house
mais il venait très en privé la nuit
but he came very privately at night
C'était un bon ami à moi
he was a good friend of mine
alors j'ai mis sa seigneurie dans la poche de mon manteau
so I put his lordship into my coat pocket
J'ai dit aux gardes de ne laisser entrer personne
I told the guards not to let anyone in
et j'ai fermé la porte derrière nous

and I fastened the door behind us
J'ai posé mon visiteur sur la table
I placed my visitor on the table
et je me suis assis à côté de lui
and I sat down next to him
Le visage de sa seigneurie était plein de problèmes
His lordship's face was full of trouble
Il m'a demandé de l'entendre avec patience
he asked me to hear him with patience
Il m'a dit que l'affaire préoccupait beaucoup mon honneur
he told me the matter highly concerned my honour
Et il a dit que ma vie en dépendait
and he said my life depended on it
« Vous savez déjà ce que Skyresh Bolgalom ressent pour vous »
"You already know how Skyresh Bolgalom feels about you"
« Il a été votre ennemi mortel depuis votre arrivée »
"he has been your mortal enemy ever since you arrived"
« sa haine est accrue depuis votre grand succès contre Blefuscu »
"his hatred is increased since your great success against Blefuscu"
« Cela a obscurci sa gloire en tant qu'amiral »
"it obscured his glory as admiral"
« Ce seigneur et d'autres vous ont accusé de trahison »
"This lord and others have accused you of treason"
« et plusieurs réunions ont eu lieu à ce sujet »
"and several meetings have been held about this"
« Je suis très reconnaissant pour tout ce que vous avez

fait pour nous »
"I am very grateful for all you've done for us"

« Alors je vais risquer ma propre tête pour toi »
"so I will risk my own head for you"

« Permettez-moi de raconter les réunions qui ont eu lieu »
"let me recount the meetings held"

« Voici les accusations qu'ils ont l'intention de porter contre vous: »
"here are the charges they plan to bring against you:"

« Tout d'abord, vous avez capturé la flotte impériale de Blefuscu »
"First, you captured the imperial fleet of Blefuscu"

« Et vous l'avez apporté dans le port royal »
"and you brought it into the royal port"

« Sa Majesté vous a ordonné de saisir tous les autres navires »
"his Majesty commanded you to seize all the other ships"

« Il voulait que vous les mettiez à mort »
"he wanted you to put them to death"

« Ceux qui cassent l'œuf au gros bout »
"those that crack the egg at the big end"

« Et il voulait une obéissance complète du reste d'entre eux »
"and he wanted complete obedience from the rest of them"

« Ils ont tous dû consentir à casser leurs œufs à l'extrémité la plus petite »
"they all had to consent to break their eggs at the smaller end"

« Mais tu as agi comme un faux traître »
"but you acted like a false traitor"

« Vous vous êtes excusé du service »
"you excused yourself from the service"
« sous prétexte de ne pas vouloir asservir des innocents »
"on pretence of unwillingness to enslave innocent people"
« puis les ambassadeurs sont arrivés de la Cour de Blefuscu »
"then the ambassadors arrived from the Court of Blefuscu"
« Encore une fois, vous avez agi comme un faux traître »
"again you acted like a false traitor"
« Vous les avez aidés et divertis »
"you aided and entertained them"
« Même si vous saviez qu'ils étaient les serviteurs d'un ennemi »
"even though you knew they were servants of an enemy"
« De plus, vous vous préparez maintenant à vous rendre à la Cour de Blefuscu »
"Moreover, you are now preparing to voyage to the Court of Blefuscu"
« Ceci est contraire au devoir d'un citoyen fidèle »
"this is contrary to the duty of a faithful citizen"
« Sa Majesté leur a rappelé les services que vous aviez rendus »
"his Majesty reminded them of the services you had done"
« Mais l'amiral et le trésorier étaient d'autres avis »
"but the admiral and treasurer were of other opinions"
« Ils ont insisté pour que vous soyez mis à une mort honteuse »
"they insisted that you should be put to a shameful death"
« Reldresal s'est avéré un ami pour vous une fois de

plus »
"Reldresal proved himself a friend to you once more"
« Il a suggéré à Sa Majesté que votre vie devrait être épargnée »
"he suggested to his Majesty that your life should be spared"
« Peut-être que ses yeux pourraient être arrachés », a-t-il suggéré.
"'perhaps his eyes could be poked out,' he suggested"
« De cette façon, la justice pourrait dans une certaine mesure être satisfaite »
"this way justice might in some measure be satisfied"
« A ce moment-là, Bolgolam s'est soulevé en furie »
"At this Bolgolam rose up in fury"
« Comment le secrétaire pourrait-il vouloir préserver la vie d'un traître? »
"how could the secretary desire to preserve the life of a traitor?"
« Le trésorier a souligné les dépenses de vous garder »
"the treasurer pointed out the expense of keeping you"
« Et il a aussi exhorté à ta mort »
"and he also urged your death"
« Mais il a suggéré une punition différente »
"but he suggested a different punishment"
« Il a suggéré de réduire progressivement votre allocation »
"he suggested lessening your allowance gradually"
« Et faute de nourriture suffisante, vous deviendriez faible et faible »
"and for want of sufficient food you would grow weak and faint"

« **Après quelques mois, tu mourrais de ça** »
"after some months you would die from this"
« **Alors ils couperaient ta chair de tes os** »
"then they would cut your flesh from your bones"
« **Ils l'enterraient à la campagne** »
"they would bury it in the countryside"
« **Et votre squelette serait utilisé comme monument** »
"and your skeleton would be used as a monument"
« **Sa majesté a le plus aimé ce plan** »
"His majesty liked this plan the most"
« **Il a ordonné que ce plan soit gardé secret** »
"he ordered this plan to be kept a secret"
« **Et il a été inscrit dans les livres pour vous piquer les yeux** »
"and it was entered in the books to poke your eyes out"
« **Dans trois jours, votre ami le secrétaire viendra chez vous** »
"In three days your friend the secretary will come to your house"
« **Il lira l'accusation devant vous** »
"he will read the accusation before you"
« **et il soulignera la grande miséricorde de Sa Majesté** »
"and he will point out the great mercy of his Majesty"
« **Il ne doute pas que vous vous soumettrez humblement** »
"he does not doubt you will submit humbly"
« **Vingt chirurgiens de Sa Majesté effectueront l'opération** »
"Twenty of his Majesty's surgeons will perform the operation"
« **Ils vous feront vous allonger sur le sol** »

"they will have you lie on the ground"
« Et puis ils déchargeront des flèches très pointues dans vos yeux »
"and then they will discharge very sharp-pointed arrows into your eyes"
« Je vous laisse réfléchir aux mesures que vous prendrez »
"I leave you to consider what measures you will take"
« Pour échapper aux soupçons, je dois revenir immédiatement »
"to escape suspicion I must immediately return"
et sa seigneurie partit immédiatement
and his lordship left immediately

Je suis resté seul, dans une grande perplexité
I remained alone, in great perplexity
Au début, j'étais déterminé à résister
At first I was bent on resistance
Je pourrais assez facilement détruire la métropole avec des pierres
I could quite easily destroy the metropolis with stones
mais j'ai rejeté cette horrible idée
but I rejected this horrible idea
J'avais prêté serment à l'empereur
I had made an oath to the Emperor
et je me suis souvenu des faveurs que j'avais reçues de lui
and I remembered the favours I had received from him
J'avais encore la permission de Sa Majesté de visiter Blefuscu
I still had his Majesty's permission to visit Blefuscu

J'ai décidé de saisir cette opportunité
I decided to take this opportunity
Je rendrais hommage à l'empereur de Blefuscu
I would pay my respects to the Emperor of Blefuscu
J'ai écrit une lettre à mon ami le secrétaire
I wrote a letter to my friend the secretary
et je lui ai fait part de ma résolution
and I told him of my resolution
mais je n'ai pas attendu de réponse
but I did not wait for an answer
Je suis allé à la côte et suis entré dans le canal
I went to the coast and entered the channel
patauger et nager jusqu'au port de Blefuscu
wading and swimming reached the port of Blefuscu
Les gens m'attendaient depuis longtemps
the people had long expected me
et ils m'ont conduit à la capitale
and they led me to the capital
J'ai été accueilli par les fonctionnaires
I was welcomed by the officials
Sa Majesté, la famille royale et les grands officiers de la Cour
His Majesty, the royal family, and great officers of the Court
Ils étaient très généreux avec leur divertissement
they were very generous with their entertainment
C'était aussi une grande nation
this too was a great nation
Je n'ai pas mentionné ma disgrâce avec l'empereur de Lilliput
I did not mention my disgrace with the Emperor of Lilliput

parce que je ne pensais pas que le prince révélerait le secret
because I did not suppose that the prince would disclose the secret
Mais en cela, il est vite apparu, j'ai été trompé
But in this, it soon appeared, I was deceived

Chapitre Cinq
Chapter Five

J'étais à Blefuscu depuis trois jours
I had been in Blefuscu for three days
J'avais appris à connaître leur ville
I had gotten to know their city
J'étais donc curieux de connaître le reste de leur île
so I was curious about the rest of their island
Je me suis dirigé vers le nord-est jusqu'à la côte
I headed North East to the coast
de loin, j'ai vu quelque chose qui ressemblait à un bateau
from a distance I saw something that looked like a boat
J'ai enlevé mes chaussures et mes bas
I pulled off my shoes and stockings
et j'ai pataugé deux ou trois cents mètres dans l'eau
and I waded two or three hundred yards through the water
en m'approchant, je pouvais voir que c'était vraiment un bateau
as I got closer I could see it really was a boat
Une tempête a dû le pousser sur le rivage
a storm must have pushed it to shore
Je suis retourné immédiatement en ville
I returned immediately to the city
et je suis allé chercher de l'aide
and I went to find help
Cela a demandé beaucoup d'efforts
it took a great deal of effort
mais finalement j'ai réussi à prendre le bateau pour le port de Blefuscu

but eventually I managed to get the boat to the port of Blefuscu
Une grande foule de personnes est apparue
a great crowd of people appeared
Ils s'émerveillaient de la taille du navire
they marvelled at the size of the vessel
« La chance m'a jeté ce bateau » dis-je à l'empereur
"good fortune has thrown this boat my way" I told the Emperor
« Il me transportera vers d'autres pays »
"it will carry me to other lands"
« Et de là, je peux trouver mon pays natal »
"and from there I can find my native country"
puis j'ai supplié pour des matériaux pour le navire
then I begged for materials for the ship
et j'ai fait beaucoup de discours aimables sur son pays
and I made many kind speeches about his country
Il a donc été heureux d'exaucer mes souhaits
so he was pleased to grant my wishes

Pendant ce temps, l'empereur de Lilliput se sentait mal à l'aise.
Meanwhile the Emperor of Lilliput grew uneasy
J'étais absent depuis assez longtemps
I had been away for quite a long time
(bien qu'il ne sache pas que je connaissais ses intentions)
(although he did not know that I knew his intentions)
il envoya donc une personne de rang à Blefuscu
so he sent a person of rank to Blefuscu
il informa l'empereur de Blefuscu de ma disgrâce

he informed the Emperor of Blefuscu of my disgrace
Il a parlé de la miséricorde de mon châtiment
he told of the mercy of my punishment
« Nous avons eu la gentillesse de ne pas le punir à mort »
"we have been kind not to punish him to death"
« La perte de ses yeux est un juste prix à payer »
"the loss of his eyes is a fair price to pay"
il s'attendait à ce que son frère de Blefuscu obtempère
he expected his brother of Blefuscu to comply
il pensait qu'il me ferait renvoyer à Lilliput
he thought he would have me sent back to Lilliput
il pensait que je serais pieds et poings liés
he thought I would be bound hand and foot
et il pensait que je serais puni comme traître
and he thought I would be punished as a traitor
mais l'empereur de Blefuscu répondit par de nombreuses excuses civiles
but the Emperor of Blefuscu answered with many civil excuses
« Vous savez qu'il serait impossible de lier l'homme-montagne »
"you know it would be impossible to bind the man-mountain"
« Je lui suis reconnaissant pour ses nombreuses bonnes actions »
"I am grateful to him for his many good deeds"
« Il a apporté la paix entre nos nations »
"he has brought peace between our nations"
« Même s'il a emporté notre flotte »
"even if he has taken our fleet away"

« Mais notre esprit sera bientôt apaisé »
"but our mind shall soon be eased"
« Il a trouvé un navire puissant »
"he has found a mighty ship"
« Et ensemble, nous l'avons rendu à nouveau en état de navigabilité »
"and together we have made it sea-worthy again"
« Bientôt, il reprendra la mer »
"soon he will set sail again"
« Et nos empires seront libérés de lui »
"and our empires will be free of him"
Avec cette réponse, le messager retourna à Lilliput
With this answer the messenger returned to Lilliput
et j'ai hâte mon départ
and I hastened my departure
bien que le monarque de Blefuscu m'ait secrètement offert sa gracieuse protection
although the monarch of Blefuscu secretly offered me his gracious protection
il aurait préféré que je continue à offrir mes services
he would have preferred if I had continued to offer my services
mais je n'avais plus jamais résolu de faire confiance aux princes
but I had resolved never more to put confidence in princes

Dans environ un mois, j'étais prêt à partir
In about a month I was ready to leave
La famille royale est sortie du palais
The royal family came out of the palace
et je me suis allongé sur mon visage pour embrasser

leurs mains
and I lay down on my face to kiss their hands
Ils m'ont gracieusement donné leurs mains
they graciously gave me their hands
Sa Majesté m'a offert cinquante bourses de Sprugliffs
His Majesty presented me with fifty purses of Sprugliffs
Ce sont leurs plus grandes pièces d'or
these were their greatest gold coins
Et il m'a donné une photo grandeur nature de lui-même
and he gave me a full size picture of himself
Je l'ai immédiatement mis dans un de mes gants
I immediately put it into one of my gloves
afin qu'il ne soit pas endommagé
so that it would not get damaged
J'ai stocké le bateau avec de la viande et des boissons
I stored the boat with meat and drink
et a pris six vaches vivantes et deux taureaux
and took six living cows and two bulls
ainsi qu'un petit mouton entendu
as well as a small heard of sheep
J'avais prévu de les transporter dans mon propre pays
I planned to carry them to my own country
J'avais un bon paquet de foin et un sac de maïs
I had a good bundle of hay and a bag of corn
pour que je puisse les nourrir pendant le voyage
so that I could feed them during the journey
J'aurais volontiers pris une douzaine d'indigènes
I would gladly have taken a dozen of the natives
mais c'était quelque chose que l'empereur ne permettait pas

but this was something the Emperor would not permit
Et ils ont même fouillé mes poches une fois de plus
and they even searched my pockets once more
pour m'assurer que je n'avais pris personne
to make sure I hadn't taken anyone
Quelques cérémonies finales ont eu lieu à mon départ
some final ceremonies were held at my departure
et finalement je suis retourné en mer
and finally I returned out to sea

26 septembre 1701
September the 26th, 1701
J'avais parcouru vingt-quatre lieues, à mon avis.
I had travelled twenty-four leagues, by my reckoning
l'île de Blefuscu était loin derrière moi
the island of Blefuscu was far behind me
puis j'ai vu une voile se diriger vers le nord-est
then I saw a sail steering to the northeast
J'ai essayé d'attirer l'attention du navire
I tried to get the ship's attention
mais je n'ai pu obtenir aucune réponse
but I could get no response
mais je la rattrapais
but I was catching up with her
parce que le vent s'est relâché
because the wind slackened
Et en une demi-heure, elle m'a vu
and in half an hour she saw me
alors j'ai déchargé une fusée éclairante de mon bateau
so I discharged a flare from my boat
Je l'ai rattrapée entre cinq et six heures du soir

I caught up with her between five and six in the evening
et mon cœur a sauté de joie quand j'ai vu ses couleurs
and my heart jumped for joy when I saw her colours
il s'agissait en effet d'un navire anglais
she was indeed an English ship
Je mets mes vaches et mes moutons dans les poches de mon manteau
I put my cows and sheep into my coat pockets
et je suis monté à bord avec toute ma petite cargaison
and got on board with all my little cargo
Le capitaine m'a reçu avec gentillesse
The captain received me with kindness
et il m'a demandé de lui dire d'où je venais
and he asked me to tell him where I had come from
Bien sûr, il pensait que j'étais un fou furieux
of course he thought I was a raving lunatic
Cependant, j'ai sorti mon bétail et mes moutons de ma poche
However, I took my cattle and sheep out of my pocket
Cela n'a pas manqué d'étonner tout le monde sur le navire
this did not fail to astonish everyone on the ship
et ils étaient tous convaincus de mon histoire
and they were all convinced of my tale

13 avril 1702
April the 13th, 1702
Nous sommes arrivés en Angleterre
We arrived in England
Je suis resté deux mois avec ma femme et ma famille
I stayed two months with my wife and family

Mais mon désir de voir le monde ne m'a pas donné de repos
but my desire to see the world gave me no rest
Finalement, j'ai dû repartir
eventually I had to leave again
tandis qu'en Angleterre, je faisais un grand profit de mon petit bétail
while in England I made great profit from my little cattle
Tout le monde voulait voir les petits animaux
all the world wanted to see the little animals
finalement, je les ai vendus pour beaucoup d'argent
eventually I sold them for good money
J'ai acheté une bonne maison pour ma femme et ma famille
I bought a good house for my wife and family
et je leur ai laissé plus qu'assez d'argent pour vivre
and I left them with more than enough money to live on
les larmes aux yeux, j'ai de nouveau quitté ma famille
with tears in my eyes I left my family again
et j'ai navigué sur « The Adventure »
and I sailed onwards on "The Adventure"

www.ingramcontent.com/pod-product-compliance
Lightning Source LLC
Chambersburg PA
CBHW020133130526
44590CB00040B/584